BEI GRIN MACHT SICH IHR WISSEN BEZAHLT

Konstrukt-Operationalisierung, Inferenzstatistik und SPSS

Stefan S.

Bibliografische Information der Deutschen Nationalbibliothek:

Die Deutsche Nationalbibliothek verzeichnet diese Publikation in der Deutschen Nationalbibliografie; detaillierte bibliografische Daten sind im Internet über http://dnb.d-nb.de abrufbar.

ISBN: 9783346701985
Dieses Buch ist auch als E-Book erhältlich.

Druck und Bindung: Books on Demand GmbH, Norderstedt Germany
Gedruckt auf säurefreiem Papier aus verantwortungsvollen Quellen

Das vorliegende Werk wurde sorgfältig erarbeitet. Dennoch übernehmen Autoren und Verlag für die Richtigkeit von Angaben, Hinweisen, Links und Ratschlägen sowie eventuelle Druckfehler keine Haftung.

Das Buch bei GRIN: https://www.grin.com/document/1263679

Einsendeaufgabe

Wissenschaftliches Arbeiten – Vertiefung II

Konstrukt-Operationalisierung, Inferenzstatistik und SPSS

hochgeladen am 19.12.2020 auf den eCampus

SRH Fernhochschule

Modul: Wissenschaftliches Arbeiten – Vertiefung II
Studiengang: B. Sc. Psychologie

von
Stefan S.

Inhaltsverzeichnis   2

3

Abkürzungsverzeichnis

bspw.   beispielsweise

GDA   Gemeinsame Deutsche Arbeitsschutzgarantie

ICD-11   International Statistical Classification of Diseases – 11. Version

s.   siehe

SPSS   Statistical Package of the Social Science

z. B.   zum Beispiel

Abbildungsverzeichnis

Tabellenverzeichnis

1 Teilaufgabe 1: Operationalisierung des Konstrukts

Im folgenden Kapitel soll das zu erarbeitende Konstrukt „Stressbewältigung" einer Messung zugänglich gemacht werden. Hierfür bedarf es einer Konstrukt-Operationalisierung, der eine Konzeptualisierung zugrunde liegt, die in Unterkapitel 1.1 durchgeführt wird. Danach soll in Unterkapitel 1.2 der Erhebungskontext herausgestellt werden. Darauf basierend folgt in Unterkapitel 1.3 die Konstrukt-Operationalisierung, die sich auf die Erstellung eines Strukturbaums und einer ersten Erläuterung des Fragebogens beschränkt.

1.1 Konstrukt-Konzeptualisierung

Die Konzeptualisierung eines Konstrukts ist der wesentliche Bestandteil eines theoriegeleiteten Vorgehens, das als Voraussetzung für strukturierte Resultate verpflichtend ist.[1] Dieses Unterkapitel wird mit einer Definition von Stress und Stressbewältigung eingeleitet und mit dem Stressmodell von Lazarus und Folkman abgeschlossen.

1.1.1 Eine Definition von Stress

Dem allgemeinen Verständnis von Stress zufolge handelt es sich dabei um eine Reaktion in Bezug auf meist negative Ereignisse oder Situationen. Dieser Disstress erzeugt bei einer Person das Gefühl von Anspannung und Nervosität. Solche Situationen werden als Stressoren bezeichnet, denen der Mensch mithilfe verschiedener Bewältigungsstrategien versucht entgegenzuwirken.[2] Besonders schädigend für die körperliche und psychische Gesundheit eines Individuums ist dabei chronischer Stress, der durch wiederholte und langanhaltende Stressreaktionen gekennzeichnet ist.[3] Chronischer Stress wird in der heutigen Zeit häufig in Bezug zum Arbeitsplatz festgestellt. Hierbei spricht die *World Health Organization* vom Burn-out Syndrom. Dem ICD-11 zufolge äußert sich chronischer Stress am Arbeitsplatz durch psychische und physische Erschöpfung, steigende negative Einstellungen der eigenen Arbeit gegenüber und ein geringeres berufliches

---

[1] Vgl. Blalock (1982), S. 263
[2] Vgl. Gazzaniga/Heatherton/Halpern (2017), S. 640-641
[3] Vgl. Selye (1981); zitiert nach Kaluza (2003), S. 343

Leistungsvermögen.[4] Menschen sehen ihren Arbeitsplatz als Komponente der eigenen sozialen Existenz und Identität innerhalb der Gesellschaft an[5], weswegen die Stressoren zugelassen werden, um erfolgreich zu sein. Stressoren können auch durch negative soziale Interaktion entstehen, wenn bspw. das eigene Selbstwertgefühl bedroht wird[6].

Es lassen sich drei übergeordnete Quellen von Stressoren feststellen, die nicht nur im privaten Leben, sondern auch am Arbeitsplatz eine Rolle spielen. Angefangen mit den inneren Stressoren, welche von einer Person selbst ausgehen, liegt ihr Ursprung in der Art der Wahrnehmung und der Erwartungshaltung eines Menschen. Diese persönlichen Stressoren können z. B. Perfektionismus und hohe Ansprüche oder Unsicherheit und geringe Belastbarkeit sein. Abhängig davon, wie ein Individuum mit diesen Stressoren umgeht, kann es auch in neutralen Situationen dennoch zu Stress kommen.[7] Erhält ein Mitarbeiter bspw. eine einfache Aufgabe, welche ohne Zeitdruck und hohe Anforderungen erledigt werden muss, kann ein hoher Anspruch an die eigenen Leistungen und das Ergebnis Perfektionismus hervorrufen, sodass sich der Mitarbeiter selbst unter Druck setzt.

Des Weiteren können Stressoren auch aus dem sozialen Umfeld heraus entstehen und innerhalb der Arbeitswelt durch eine schlechte Beziehung zu den Kollegen und Vorgesetzten zu Stress führen.[8] Ein negatives Führungsverhalten, welches sich unter anderem häufig in zu geringer Anerkennung der Mitarbeiterleistungen und zu häufiger nicht konstruktiver Kritik äußert, ist eines der Stressquellen aus dem sozialen Arbeitsumfeld.[9] Die andere Quelle bildet Mobbing, welches sich negativ auf die Gesundheit sowie auf das Arbeits- und Leistungsverhalten eines Menschen auswirkt, da dadurch die Motivation stark abnimmt.[10] Auch ein Arbeitsplatz, der von unangenehmen Umweltbedingungen gekennzeichnet ist, kann durch Lärm oder Verschmutzung zu Stress führen. Zusätzliche negative Arbeitsbedingungen wie bspw. ein hohes Unfallrisiko oder unangenehme Arbeitszeiten fördern einen grundlegenden Spannungszustand am Arbeitsplatz.[11]

Betrachtet man Stresssituationen aus einem psychologischen Blickwinkel, ist die Intensität vor allem durch die Bewertung dieser Situationen abhängig. Die Behauptung, dass die geistige und emotionale Einschätzung einer Situation die letztendliche Reaktion bestimmt, lässt sich als Kerngedanke dieses Ansatzes festmachen, welcher von vielen

---

[4] Vgl. World Health Organization (2020)
[5] Vgl. Kaluza (2003), S. 346
[6] Vgl. Kaluza (2003), S. 345
[7] Vgl. Spieß/Reif (2018), S. 15-16
[8] Vgl. Sonnentag/Frese (2003); zitiert nach Spieß/Reif (2018), S. 16
[9] Vgl. Stadler/Spieß (2003); zitiert nach Spieß/Reif (2018), S. 16-17
[10] Vgl. Meschkutat/Stackelbeck/Langenhoff (2002), S. 9
[11] Vgl. Richter/Hacker (2008), S. 23

psychologischen Stressmodellen vertreten wird.[12] Das Stressmodell von Richard Lazarus und Susan Folkman ist eines dieser psychologischen Modelle und soll daher im folgenden Unterkapitel mit Fokus auf die Stressbewältigung erläutert werden.

1.1.2 Stressbewältigung nach Lazarus und Folkmann

Ein Mensch steht zu jedem Zeitpunkt in einer Beziehung zu seiner Umwelt. Abhängig davon, wie die Beziehung bewertet wird, kann sich psychologischer Stress bilden (s. Abb. 1). Somit lässt sich ein potenzieller Stressor aktiv beeinflussen und abwenden.[13]

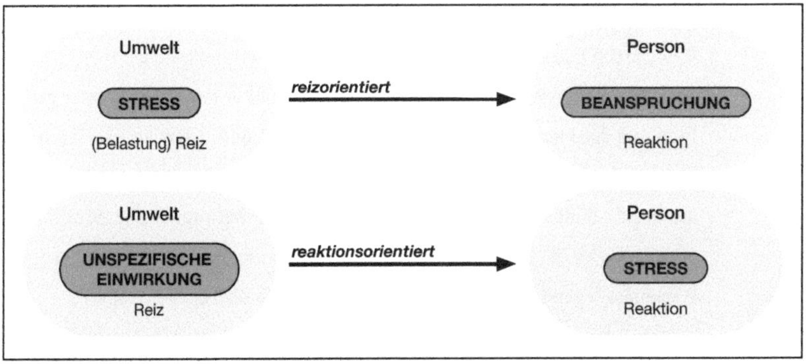

Abbildung 1: Reiz- und reaktionsorientierte Umwelt-Person-Beziehung.
(Quelle: Eigene Darstellung in Anlehnung an Richter/Hacker (2008), S. 15, 18.)

Wird eine Situation als stressig bewertet, versucht man dem Stressor mithilfe individueller Ressourcen entgegenzuwirken.[14] Dabei kann sich die Stressbewältigung auf das Problem selbst beziehen, welches den Disstress verursacht hat oder auf die problembezogenen emotionalen Reaktionen.[15] Lassen sich die Bedingungen eines Stressors beeinflussen, handelt der Mensch problemorientiert und versucht auf die Situation und die eigenen Ziele sowie Einstellung einzuwirken. Hierfür wird zuerst das Problem definiert, damit nach alternativen Lösungen gesucht werden kann, welche abhängig vom Verhältnis zwischen den Kosten und ihrem Nutzen bewertet werden.[16] Ein Beispiel dafür kann Überforderung und die dadurch entstehende Gefahr eines Burn-outs am Arbeitsplatz sein. Stehen Mitarbeiter entweder aufgrund eigener Zielsetzungen oder hoher Anforderungen unter

---

[12] Vgl. Kaluza (2003), S. 347
[13] Vgl. Lazarus/Folkman (1984), S. 21
[14] Vgl. Lazarus/Folkman (1984), S. 141
[15] Vgl. Lazarus/Folkman (1984), S. 150
[16] Vgl. Lazarus/Folkman (1984), S. 152-153

Druck, müssen sie sich bemühen, die Stresseinwirkungen durch problemorientierte Be-
wältigungsstrategien zu reduzieren, sodass langfristige Folgen abgewendet werden.
Stellt sich heraus, dass die negativen Bedingungen eines Stressors nicht veränderbar sind,
werden emotionsorientierte Bewältigungsstrategien eingesetzt, die auf emotionaler
Ebene wirken.[17] Man stelle sich vor, an einem wichtigen Meeting teilnehmen zu müssen.
Zufällig verspätet sich jedoch der Zug, und der Körper reagiert ungewollt mit starken
Stressemotionen auf eine nicht veränderbare Situation. Um diesen negativen Emotionen
entgegenzuwirken, kann man sich nun selbst beruhigen, indem man das Ereignis relati-
viert, da es mit einem kompletten Zugausfall auch hätte schlimmer kommen können. Das
innerliche Zureden wirkt beruhigend und blockiert weitere negative Gedanken.

Eine erfolgreiche Stressbewältigung ist von der Verfügbarkeit materieller und sozialer
Ressourcen wie Geld und Freundschaft sowie von persönlichen Ressourcen wie der körperlichen und psychischen Gesundheit, der sozialen Kompetenz, einer positiven Einstellung und der Fähigkeit, Probleme zu lösen, abhängig.[18] Um auf das Beispiel der Zugver-
spätung zurückzukommen, kann eine positive Einstellung die eigene Stimmung verbes-
sern und somit ebenfalls zur Stressbewältigung beitragen. Die sozialen Kompetenzen
würden sich z. B. für den überarbeiteten Mitarbeiter als nützlich erweisen, da dieser seine
Arbeitskollegen leichter von seinen Vorschlägen überzeugen könnte.

1.2 Stress als Bestandteil des Arbeitsalltags

Stress kann sich also in herausfordernden und unangenehmen Lebenssituationen bilden,
wobei Stressoren heutzutage besonders im Arbeitsalltag auftreten. Belastungen in der Arbeitswelt entstehen unter anderem oftmals durch die Arbeitsaufgabe und -rolle sowie die
materielle und soziale Umgebung. Somit können bspw. zu hohe qualitative und quantitative Anforderungen, Zeitdruck oder Informationsüberlastung zu stressfördernden negativen Verstärkern werden. Auch die Arbeitsrolle kann ungewollte Belastungen zufolge haben, indem einem Mitarbeiter zu viel Verantwortung überlassen wird oder sich Feindse-
ligkeiten unter den Kollegen bilden, die im weitesten Fall zu Mobbing führen können.
Auch die Arbeitsumgebung kann sich durch verschiedene Einflüsse wie Lärm und Tem-
peratur negativ auswirken und Stressoren hervorrufen, die nicht bewältigt werden

---

[17] Vgl. Kaluza (2003), S. 350; Lazarus/Folkman (1984), S. 150
[18] Vgl. Lazarus/Folkman (1984), S. 159

können. Ist zusätzlich das soziale Umfeld durch ein schlechtes Arbeitsklima gestört, lassen sich die Stressoren nur schwer vermeiden und minimieren.[19]

Nicht selten werden Psychologen damit beauftragt, im Rahmen einer Mitarbeiterbefragung eine Erhebung zu Stress im Arbeitsalltag durchzuführen, um die verschiedenen Ursachen zu erkennen und Bewältigungsansätze zu analysieren. Mithilfe des Fragebogens soll festgestellt werden, ob die Mitarbeiter Stress als Bestandteil ihres Arbeitsalltags definieren und welche Umstände dazu beitragen. Damit ein solcher Fragebogen erstellt werden kann, müssen vorerst anhand der Teilaspekte des Konstrukts im Rahmen der Operationalisierung die Dimensionen, Kategorien und Indikatoren herausgestellt werden.

1.3 Konstrukt-Operationalisierung

Damit der Einfluss von Stress im Arbeitsalltag geprüft werden kann, muss das Konstrukt durch die Operationalisierung auf praktischer Ebene einer Messung zugänglich gemacht werden.[20] Dabei ist zu beachten, dass das Vorgehen an die Konzeptualisierung gebunden sein muss, da andernfalls nicht von geordneten Resultaten ausgegangen werden kann[21].

1.3.1 Entwicklung eines Strukturbaums – Dimensionen und Indikatoren

Oftmals bestehen bereits geeignete Theorien zu einem Konstrukt zur Verfügung, die empirische Modelle enthalten, die zur Operationalisierung verwendet werden können oder es lassen sich Inhalte aus ähnlichen Konstrukten und Theoriebereichen adaptieren.[22] Die hier herausgestellten Dimensionen, Kategorien und Indikatoren orientieren sich an den Ausführungen von Spieß und Reif (2018) zum Thema „Quellen von Stressoren", wobei diese wiederum auf den Ansätzen von McGrath (1983) aufbauen und um Beispiele von Sonnentag und Frese (2003) erweitert worden sind.[23]

---

[19] Vgl. Richter/Hacker (2008), S. 17
[20] Vgl. Weiber/Mühlhaus (2014), S. 105
[21] Vgl. Blalock (1982), S. 263
[22] Vgl. Weiber/Mühlhaus (2014), S. 107
[23] Vgl. Spieß/Reif (2018), S. 13-28

Dimension	Kategorie	Indikatoren
Persönlichkeit	Emotionen/Gefühle	Unsicherheiten in eigene Fähigkeiten
		Minderwertigkeitsgefühle
		Angst vor Versagen
		innere Unruhe, Aufregung
	Verhalten	Ungeduld
		Perfektionismus
		physische oder psychische Erkrankungen
		hohe Ansprüche und Erwartungen an eigene Leistungen
		geringe Belastbarkeit
Soziales Umfeld	Arbeitgeber	negatives Führungsverhalten
		wenig Leistungsanerkennung
		viel negative Kritik
		starke Kontrolle
		unfaire Behandlung
	Mitarbeiter	Konflikte
		Mobbing
	Allgemein	Diskriminierung
		gestörte Kommunikation
		schlechtes Arbeitsklima
Physikalisch-technologische Umwelt	Umgebungsspezifisch (bedingt beeinflussbar)	Hitze oder Kälte
		Lärm
		Verschmutzung
		Arbeit unter gefährlichen Bedingungen
		Pendeln (Arbeitsplatz weit entfernt)
	Arbeitsbedingungen (beeinflussbar)	unnötig hohes Unfallrisiko
		unfair proportionierte Nacht- und Schichtarbeit
		ungerechtfertigt lange Arbeitszeiten
		geringe Arbeitsmittel; Arbeit wird erschwert
Arbeitsaufgabe	äußere Einflüsse	Zeitdruck
		Überstunden (wegen Arbeitsanforderung, -aufwand oder -menge)
		Unterbrechungen durch andere Dinge/Personen
	innere Einflüsse	durchgehend hohe Aufmerksamkeit gefordert
		viel Verantwortung abhängig von der Aufgabe
		hohe emotionale Anforderungen
		Überforderung auf qualitativer/quantitativer Basis
Organisation	Rahmenbedingungen	eigener Status und Anerkennung
		Lohnpolitik
		Karrieremöglichkeiten, Weiterbildung
		Sicherheit des Arbeitsplatzes
	Arbeitsveränderungen	Angst vor Stellenabbau
		Einführung neuer Technologien
		Restrukturierung des Arbeitsplatzes

Tabelle 1: Strukturbaum zum Konstrukt „Stressbewältigung".
(Quelle: Eigene Darstellung in Anlehnung an Spieß/Reif (2018), S. 13-28.)

Die Indikatoren des Strukturbaums (s. Tabelle 1) beziehen sich auf die Entstehung von Stress und nicht direkt auf die Stressbewältigung. Durch die Auswertung des Fragebogens können erste Ansätze der Stressbewältigung formuliert werden. Damit die Strategien effektiv wirken, muss festgestellt werden, wann und weshalb Stress am Arbeitsplatz entsteht. Mit der Beantwortung der Fragen werden diese erforderlichen Quellen evident.

Der Strukturbaum ist in fünf Dimensionen unterteilt: Persönlichkeit, soziales Umfeld, Physikalisch-technologische-Umwelt, Arbeitsaufgabe und Organisation. Angefangen mit der Persönlichkeit kann sich ein Mensch aufgrund seiner Persönlichkeitsmerkmale von selbst unter Stress setzen, ohne dabei durch seine Umwelt beeinflusst zu sein. Diese Dimension wird in eine emotionale, gefühlsbasierte Kategorie und in eine Verhaltenskategorie eingestuft. So können Stressoren durch emotionale Reaktionen wie Minderwertigkeitsgefühle negativ beeinflusst werden. Verhaltensabhängige Indikatoren sind auf eine geringe Belastbarkeit oder physische und psychische Erkrankungen zurückzuführen. Eine Person kann jedoch auch hohe Ansprüche und Erwartungen an die eigenen Leistungen haben, die sich in perfektionistischem Verhalten widerspiegeln.[24]

Auch das soziale Arbeitsumfeld kann durch Diskriminierung, ein schlechtes Arbeitsklima oder eine gestörte zwischenmenschliche Kommunikation ein Anzeichen für Stress sein. Unter den Mitarbeitern können sich Konflikte entwickeln, die zu Mobbing führen, sodass eine Konstante psychische Belastung eintritt. Mit dem sozialen Umfeld ist zusätzlich die Beziehung zu Vorgesetzten gemeint. Hier kann es durch negatives Führungsverhalten in Form von ungerechtfertigter Kritik, wenig Leistungsanerkennung oder eine starke Kontrolle der Mitarbeiter dauerhaft zu stressigen Situationen kommen, da ein Überfluss an negativen Bedingungen am Arbeitsplatz entsteht.[25]

Die Dimension der physikalisch-technologischen Umwelt bezieht sich auf die Arbeitsumgebung sowie -bedingung. Die beiden Kategorien unterscheiden sich dahingehend, dass die Umgebung, in der gearbeitet wird, nur bedingt beeinflussbar ist, während die generellen Bedingungen manipulierbar sind. So können extreme Temperaturen, Lärm oder Verschmutzung zwar Stress hervorrufen, jedoch sind solche Umstände nur schwer zu beeinflussen. Sehr wohl beeinflussbar sind hingegen Indikatoren wie unfair proportionierte Nacht- und Schichtarbeit, bei der nicht auf die Bedürfnisse der Mitarbeiter eingegangen wird, geringe Arbeitsmittel und ein hohes Unfallrisiko.[26]

---

[24] Vgl. Spieß/Reif (2018), S. 15-16
[25] Vgl. Spieß/Reif (2018), S. 16-18
[26] Vgl. Spieß/Reif (2018), S. 23

11

Außerdem kann die Arbeitsaufgabe an sich als Dimension verstanden und in äußere sowie innere Einflüsse kategorisiert werden. Zu den äußeren Einflüssen zählen Zeitdruck, Überstunden, die aufgrund der Arbeitsmenge, -anforderung oder des Arbeitsaufwands entstehen, und Unterbrechungen des Arbeitsprozesses durch andere Dinge oder Personen. Die Arbeitsaufgabe kann sich jedoch ebenfalls durch innere Einflüsse zu einem Stressor entwickeln, indem sie mit ungewollter Verantwortung einhergeht, die die Person nicht ertragen kann. Dadurch kann eine qualitative oder quantitative Überforderung mit der Aufgabe entstehen. Permanente Aufmerksamkeit unterstützt die Stresseinwirkung, da der Körper nicht zur Ruhe kommen kann und auch emotional an Belastungsgrenzen stößt.[27] Als letzte Dimension lässt sich die Organisation in einem Unternehmen nennen, die in Rahmenbedingungen und Arbeitsveränderungen kategorisiert wird. Bei den organisatorischen Rahmenbedingungen kann die Lohnpolitik des Unternehmens zu einem Indikator werden, falls man die Angestellte bspw. nicht angemessen entlohnt. Begrenzte Karriere- und Weiterbildungsmöglichkeiten im Unternehmen sowie ein niedriger Status führen ebenfalls zu höherer Stressanfälligkeit. Die andere Kategorie bezieht sich auf die Arbeitsveränderungen und auf die Art ihrer Durchführung. Werden bspw. neue technologische Gerätschaften eingeführt und in Betrieb genommen, ohne die Mitarbeiter einzuarbeiten, ist der Erfolgsdruck und die Angst zu Versagen hoch und damit stressfördernd.[28]

1.3.2 Das Messinstrument

Um die Indikatoren einsetzen zu können, muss ein Fragebogen als Messinstrument entwickelt werden, der in die folgenden Abschnitte unterteilt wird: ein Deckblatt, die Einleitung, der Hauptteil und eine Danksagung mit der Möglichkeit, Kommentare zu hinterlassen. Die Einleitung ist besonders für Tests, bei denen die Forscher nicht anwesend sind, von großer Bedeutung, da in diesem Teil das Befragungsziel sowie der Fragebogenaufbau erläutert wird. Außerdem sollte die Einleitung eine Datenschutzerklärung, eine Kontaktadresse und eine Anleitung zum Ausfüllen des Fragebogens beinhalten. Der Hauptteil befasst sich dann mit den einzelnen Fragen. Abgeschlossen wird der Fragebogen mit einer Danksagung und dem Verweis, Kommentare äußern zu können.[29]

[27] Vgl. Spieß/Reif (2018), S. 25
[28] Vgl. Spieß/Reif (2018), S. 26-28
[29] Vgl. Reinhardt (2015), S. 69-81

Basierend auf dem Strukturbaum können auch gewisse Angaben bezüglich des Fragebogenumfangs gemacht werden. Hierbei lassen sich aus den fünf Dimensionen die übergeordneten Themenbereiche festmachen, die man optional in die jeweiligen Kategorien unterteilen kann, sodass die Aufteilung der Fragen deutlicher wird. Die Anzahl der Fragen kann basierend auf den Indikatoren auf ungefähr 35 Fragen geschätzt werden, da einige Indikatoren auch zu einer Frage zusammengefasst werden können. Die vollständige Bearbeitungsdauer des Fragebogens kann mit diesen Informationen auf ungefähr 15 bis 20 Minuten geschätzt werden. Da es sich bei der Zielgruppe um die Mitarbeiter eines Unternehmens handelt und die Erhebung durch den Vorstand des Konzerns angefordert wird, ist eine Entlohnung der Angestellten für die Dauer des Tests ratsam, da dadurch auch die Motivation der Befragten gesteigert wird. Der Umfang kann mit Blick auf die Nützlichkeit der Ergebnisse und die Entlohnung der Befragten als angemessen bewertet werden, da die Mitarbeiter ihre eigenen Interessen vertreten und zur Verbesserung des Arbeitsplatzes beitragen können.

2   Teilaufgabe 2: Die Inferenzstatistik

Das zweite Kapitel befasst sich mit der Inferenzstatistik, einem Teilbereich der Statistik, bei dem mittels einer Datenanalyse die Ergebnisse einer Stichprobe auf die Grundgesamtheit verallgemeinert werden können.[30] Die Basis inferenzstatistischen Testens ist die Überprüfung von Hypothesen, wobei sich hier zwei Arten von Hypothesen unterscheiden lassen, die unter anderem in Unterkapitel 2.1 definiert werden. Abschließend zum zweiten Kapitel soll anhand eines fiktiven Beispiels die Durchführung einer inferenzstatistischen Analyse erläutert werden.

2.1 Hypothesen als Grundlage des inferenzstatistischen Testens

Eine Hypothese ist „(...) eine Aussage, die eine noch nicht bestätigte Vermutung ausdrückt, meist zum Zweck der Erklärung eines Sachverhalts."[31]. In der Wissenschaft sind die Bildung und Überprüfung von Hypothesen ein essenzieller Bestandteil der

---

[30] Vgl. Janczyk/Pfister (2020), S. 13
[31] Gadenne (2017), S. 764

theoretischen und praktischen Forschung. Sie werden aus Theorien herausgebildet und entweder als Zusammenhangs- oder Unterschiedshypothese formuliert. Eine Unterschiedshypothese beruht auf der Annahme, dass der Unterschied zwischen mindestens zwei Mittelwerten einer Stichprobengruppe so groß ist, dass er nicht durch einen Zufall erklärt werden kann. Eine Zusammenhangshypothese geht von einem statistisch signifikanten Zusammenhang zwischen den Merkmalsausprägungen zweier Variablen aus.[32] Bevor im Rahmen eines inferenzstatistischen Tests eine Hypothesenprüfung durchgeführt werden kann, müssen der individuellen Fragestellung stets zwei sich ausschließende Hypothesen zugeordnet werden. Die sogenannte Nullhypothese (H_0) geht davon aus, dass zwischen den beiden Gruppen oder Variablen kein Verhältnis in der Grundgesamtheit besteht. Zwar kann ein Zusammenhang innerhalb der Stichprobe existieren, jedoch ist das Ergebnis nicht signifikant und somit nur ein Zufall. Die zweite zu bildende Hypothese ist die Alternativhypothese (H_1), welche als das Gegenargument zur Nullhypothese formuliert wird und davon ausgeht, dass es einen signifikanten Unterschied zwischen den beiden Gruppen oder Variablen gibt und dadurch auch auf die Grundgesamtheit zutrifft. Bei der Durchführung der statistischen Analyse ist zu beachten, dass nur die Nullhypothese getestet werden kann. Erst wenn die Annahme der Nullhypothese durch das statistische Ergebnis falsifiziert wi, kann die Alternativhypothese als gültig angenommen werden.[33] Des Weiteren lässt sich eine Hypothese entweder gerichtet oder ungerichtet formulieren, wobei mit einer gerichteten Hypothese anhand von theoretischem Vorwissen erahnt werden kann, welche der beiden Gruppen oder Variablen einen höheren Ausprägungsgrad im Mittelwert haben wird, während ungerichtete Hypothesen neutral in beide Richtungen forschen und keine Prognosen stellen.[34] Bei der statistischen Hypothesenprüfung können jedoch auch zwei Fehler auftreten (s. Tabelle 2), nämlich der Alpha-Fehler, bei dem eine statistisch gültige Nullhypothese abgelehnt wird und der Beta-Fehler, wo eine statistisch gültige Alternativhypothese zurückgewiesen wird. Beide Fehler sind gleich wahrscheinlich und voneinander abhängig.[35]

	H_0 als gültig festgestellt	H_1 als gültig festgestellt
H_0 tatsächlich gültig	Richtige Entscheidung	Alpha-Fehler
H_1 tatsächlich gültig	Beta-Fehler	Richtige Entscheidung

Tabelle 2: Fehler bei der Hypothesenprüfung.
(Quelle: Eigene Darstellung in Anlehnung an Leonhart (2008), S. 67.)

---

[32] Vgl. Leonhart (2008), S. 64
[33] Vgl. Leonhart (2008), S. 64-65
[34] Vgl. Nachtigall/Wirtz (2006), S. 123
[35] Vgl. Leonhart (2008), S. 67

14

Bei der Planung einer Untersuchung muss stets das Ziel verfolgt werden, den Alpha-Fehler möglichst gering zu halten. Um dieses Risiko zu minimieren, wird ein sogenanntes Signifikanzniveau von meist fünf Prozent gestellt. Dieser Wert wird auch als Irrtumswahrscheinlichkeit Alpha (α) bezeichnet. Ist die Wahrscheinlichkeit (p) für einen Unterschied zwischen zwei Gruppen oder Variablen höher als fünf Prozent, wird das Ergebnis als zufällig interpretiert und die Nullhypothese (H_0) anerkannt, während ein empirischer Wert von unter einschließlich fünf Prozent als signifikant gilt und somit die Alternativhypothese (H_1) übernommen werden muss. Das Ergebnis eines Signifikanztests ist also dann signifikant, wenn: $p \leq \alpha$.[36] In Abbildung 2 ist das Prinzip des Signifikanzniveaus nochmals grafisch aufgeführt.

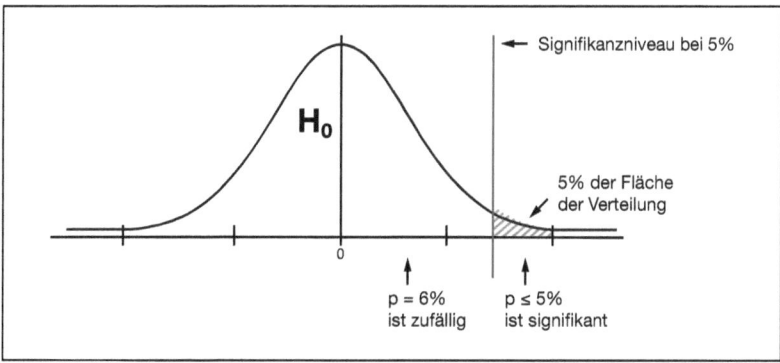

Abbildung 2: Das Signifikanzniveau.
(Quelle: Eigene Darstellung in Anlehnung an Schäfer (2016), S. 160.)

2.2 Durchführung einer inferenzstatistischen Analyse

Nachdem die grundlegenden Begriffe der Inferenzstatistik definiert worden sind, kann nun am Beispiel einer fiktiven Fragestellung die Durchführung einer inferenzstatistischen Analyse erläutert werden. Anhand des statistischen Entscheidungsbaums für zentrale inferenzstatistische Verfahren (s. Abb. 3) muss zu Beginn der Analyse ein Verfahren ausgewählt werden, welches zur individuellen Fragestellung passt. Abhängig davon kann die Nullhypothese dann mit einem der folgenden Testverfahren überprüft werden: Chi²-Test, U-Test, H-Test, t-Test, Varianzanalyse, Spearman-Rang-Korrelationen, Pearson-Korrelationen, logistische Regression und lineare Regression.

---

[36] Vgl. Schäfer (2016), S. 160-161

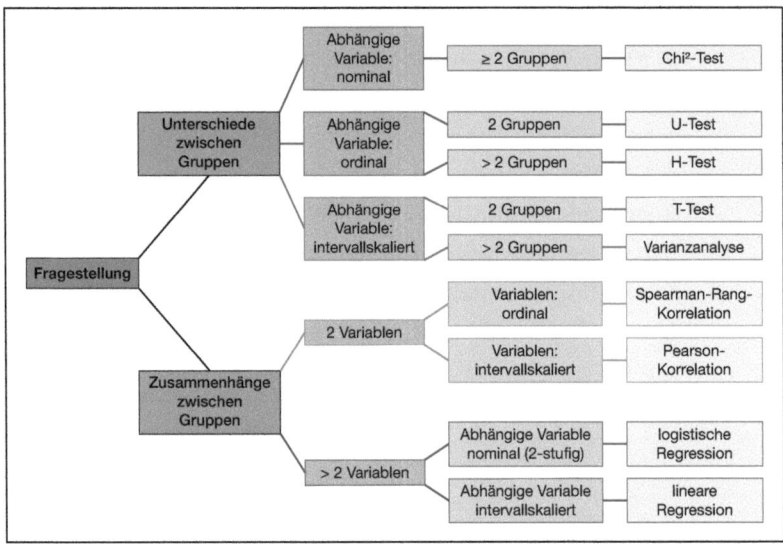

Abbildung 3: Entscheidungsbaums für zentrale inferenzstatistische Verfahren.
(Quelle: Eigene Darstellung in Anlehnung an Budischewski/Tausch (2019), S. 56.)

Der Entscheidungsbaum dient dem Forscher als Orientierung bei der Planung der Studie, um das korrekte Analyseverfahren zu identifizieren. Aus der Abbildung lassen sich vier aufeinanderfolgende Entscheidungsstufen feststellen. Als Erstes muss also entschieden werden, ob man mit der Hypothese die Unterschiede oder die Zusammenhänge zwischen den Gruppen analysieren möchte. Wenn es sich um eine Unterschiedshypothese handelt, muss entschieden werden, ob die abhängige Variable nominal, ordinal oder intervallskaliert ist und ob zwei oder mehrere Gruppen miteinander verglichen werden sollen. Bei einer Zusammenhangshypothese muss hingegen zuerst festgemacht werden, ob zwei oder mehrere Variablen vorliegen. Liegen nur zwei Variablen vor, können diese entweder ordinal oder intervallskaliert sein. Stehen mehr als zwei Variablen zum Vergleich, muss entschieden werden, ob die abhängige Variable nominal oder intervallskaliert ist.

Um die wichtigsten Schritte bei der Durchführung einer inferenzstatistischen Analyse vorstellen zu können, sollen zu diesem Zweck die entsprechenden Hypothesen für eine fiktive Fragestellung formuliert werden. Eine passende Frage der Inferenzstatistik könnte bspw. wie folgt lauten: Unterscheiden sich Männer und Frauen in ihrem Tabakkonsum? Die dazu passende Nullhypothese muss lauten: Männer und Frauen unterscheiden sich nicht in ihrem Tabakkonsum. Abhängig von den theoretischen Vorkenntnissen zum Themengebiet kann die Alternativhypothese gerichtet oder ungerichtet sein, wobei in diesem Beispielfall von einer ungerichteten Hypothese ausgegangen wird: Der Tabakkonsum

16

von Männern und Frauen unterscheidet sich voneinander. Hierbei handelt es sich um eine Unterschiedsfragestellung mit zwei unabhängigen Personengruppen. Die abhängige Variable ist in diesem Fall der Tabakkonsum, welcher intervallskaliert ist. Auf Grundlage des Entscheidungsbaums muss zur Analyse der vorliegenden Nullhypothese der t-Test als inferenzstatistisches Verfahren ausgewählt werden.

Als das am häufigsten eingesetzte Testverfahren lässt sich der t-Test für unabhängige und abhängige Stichprobengruppen sowie als Einstichproben-t-Test anwenden, wobei für die fiktive Fragestellung der t-Test für zwei unabhängige Gruppen zum Einsatz käme.[37] Um die Wahrscheinlichkeit der Nullhypothese statistisch zu überprüfen, werden aus den Daten der beiden unabhängigen Stichprobengruppen entsprechende statistische Kennwerte berechnet, aus denen der empirische t-Wert hervorgeht. Indem nun die exakte Wahrscheinlichkeit (p) bestimmt und mit dem Signifikanzniveau (α) verglichen wird, kann die Nullhypothese abhängig vom Ergebnis entweder abgelehnt oder übernommen werden.[38]

3   Teilaufgabe 3: Die praktische Anwendung von SPSS

Das *Statistical Package of the Social Science* (SPSS) wurde im Jahre 1966 von Norman Nie und Dale Bent entwickelt und gilt heute als das verbreitetste Anwendungssystem für die statistische Datenanalyse.[39] Im letzten Kapitel soll die praktische Anwendung von SPSS am Beispiel einer Befragung der *Gemeinsamen Deutschen Arbeitsschutzgarantie* (GDA) veranschaulicht werden. Hierfür wird der entsprechende Datensatz in das Programm geladen, sodass deskriptive und inferenzstatistische Analysen und Reliabilitätsanalysen durchgeführt werden können. Abschließend wird die Bearbeitung mit einer Diskussion der Ergebnisse und einem bündigen Fazit abgeschlossen.

3.1 Deskriptive Analyse

Die Deskriptivstatistik wird auch als beschreibende Statistik bezeichnet und dafür eingesetzt, um die Merkmale eines Untersuchungsgegenstandes in einzelne statistische

---

[37] Vgl. Janczyk/Pfister (2020), S. 45
[38] Vgl. Janczyk/Pfister (2020), S. 59-60
[39] Vgl. Bühl (2019), S. 35-36

Kennwerte umzuwandeln. Die Ergebnisse einer deskriptiven Analyse sind dabei nicht auf die Grundgesamtheit übertragbar, sondern gelten nur für die jeweilige Stichprobe und den spezifischen Zeitpunkt.[40] Die statistische Analyse im Rahmen einer wissenschaftlichen Arbeit beginnt meist mit der Aufzählung und Beschreibung der deskriptiven Maße.[41]

Die vorliegende Befragung der GDA wurde in einem Zeitraum von Mai bis August 2011 an 5496 in Deutschland beschäftigen Arbeitern im Alter zwischen 14 und 79 durchgeführt. Im ersten Schritt werden zunächst die Alters- und Geschlechtsverteilungen der Stichprobe dargestellt. Mithilfe von SPSS können Häufigkeiten anhand der deskriptiven Statistik auch bei einer derart hohen Anzahl an Probanden auf einfache und präzise Weise festgestellt werden. Eine gültige Angabe zum Alter wurde von 5481 Befragten (99,7 %) abgegeben, wodurch 15 fehlende Altersangaben (0,3 %) zu verzeichnen sind, die nicht in die Auswertung miteinbezogen werden können. Es stellt sich heraus, dass die Befragten dieser Stichprobe mindestens 14 und maximal 79 Jahre alt waren, wobei der Mittelwert bei 44 Jahren lag (SD = 10,9). Am häufigsten Vertreten waren 50-jährige Befragte mit insgesamt 221 Angaben (4 %). Zusätzlich fällt auf, dass mit 19 Angaben wenige Probanden zwischen 65 und 79 Jahre alt waren. Bei der Geschlechterverteilung wird eine höhere Anzahl an weiblichen Befragten deutlich. Von den 5496 beteiligten Personen hatten 3062 (55,7 %) das weibliche Geschlecht angegeben, während 2434 Probanden (44,3 %) sich als männlich identifizierten. Vergleicht man die beiden Geschlechtergruppen in Abhängigkeit mit dem Alter, stellt man fest, dass die weiblichen Probanden mindestens 15 und maximal 78 Jahre alt waren mit einem Mittelwert von 44,4 Jahren (SD = 10,7). Die männlichen Befragten waren zwischen 14 und 79 Jahre alt mit einem Mittelwert von 43,9 Jahren (SD = 11,2). Dabei waren die meisten Frauen innerhalb der Stichprobe mit 130 Angaben 50 Jahre alt und die meisten Männer sind mit 99 Angaben 44 Jahre alt.

An der Befragung haben Probanden aus verschiedensten Arbeitsbranchen teilgenommen, wozu in Abbildung 4 ein Balkendiagramm zu sehen ist. Neben den nicht zuordenbaren Branchenangaben, sind insgesamt neun Branchen vertreten gewesen.

---

[40] Vgl. Leonhart (2008), S. 37
[41] Vgl. Bühl (2019), S. 147

18

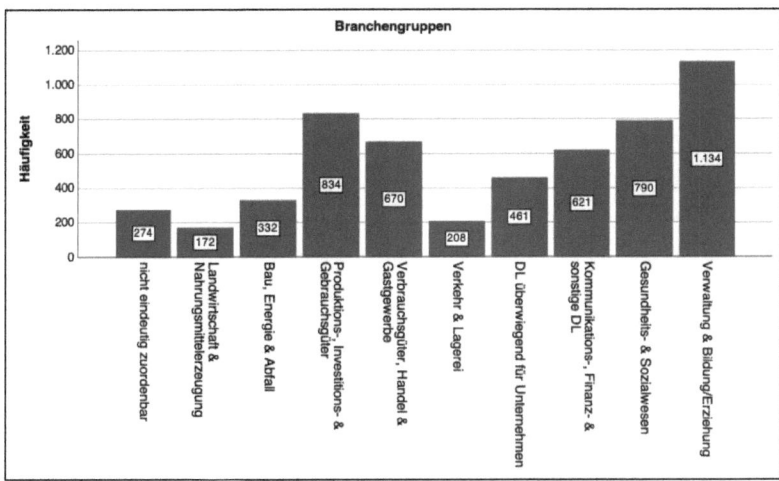

Abbildung 4: Branchenverteilung der Befragten.
(Quelle: Eigene Darstellung.)

Wie aus dem Diagramm hervorgeht, kann 274 Personen (5 %) keine Branche eindeutig zugeordnet werden. Am häufigsten Vertreten waren Probanden aus den Bereichen der Verwaltung und Bildung beziehungsweise Erziehung mit 1134 Angaben (20,6 %). Die wenigsten Branchenmitglieder hatten in dieser Stichprobe die Landwirtschaft und die Nahrungsmittelerzeugung mit 172 Befragten (3,1 %), wobei die Verkehrs- und Lagereibranche nur knapp darüber lag und 208 Probanden (3,8 %) umfasste.

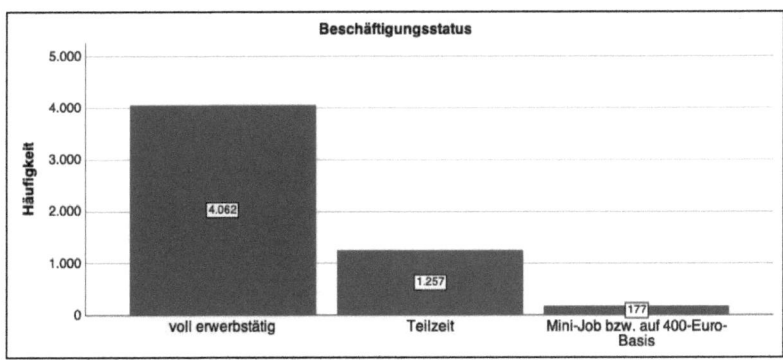

Abbildung 5: Beschäftigungsstatus der Befragten.
(Quelle: Eigene Darstellung.)

Die Probanden konnten im Rahmen der Befragung ebenfalls ihren Beschäftigungsstatus angeben (s. Abb. 5). Die Mehrheit der Befragten war mit 4062 Angaben (73,9 %) voll erwerbstätig. 1257 Personen (22,9 %) waren in Teilzeit angestellt und 177 Beschäftigte

(3,2 %) hatten einen Mini-Job oder arbeiteten auf einer 400-Euro-Basis. Von allen Befragten gaben 2451 Personen (44,6 %) an, dass sie einer Bürotätigkeit nachgehen. 2583
Beschäftigte (47 %) verneinten eine Arbeit im Büro und 462 Probanden (8,4 %) gaben
an, teilweise innerhalb eines Büros tätig zu sein. Das Diagramm in Abbildung 6 veranschaulicht diese Angaben.

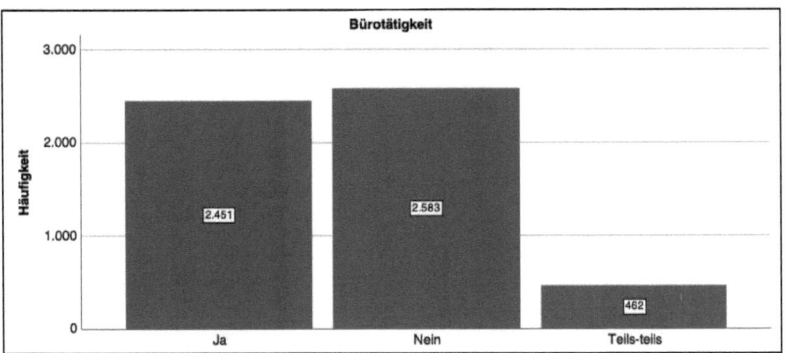

Abbildung 6: Angaben zu einer Bürotätigkeit.
(Quelle: Eigene Darstellung.)

Zusätzlich wurden die Beschäftigten danach gefragt, ob sie im öffentlichen Dienst oder
in einer privatwirtschaftlichen Organisation tätig wären. Wie aus dem Balkendiagramm
(s. Abb. 7) deutlich wird, war die Mehrheit der Befragten mit 3817 Angaben (69,5 %) in
einer privatwirtschaftlichen Organisation angestellt und nur 1622 Probanden (29,5 %)
arbeiteten im öffentlichen Dienst. 48 Befragte (0,9 %) hatten die Frage wegen Unwissen-
heit nicht beantworten können, während 9 Personen (0,2 %) gar keine Angabe tätigten.

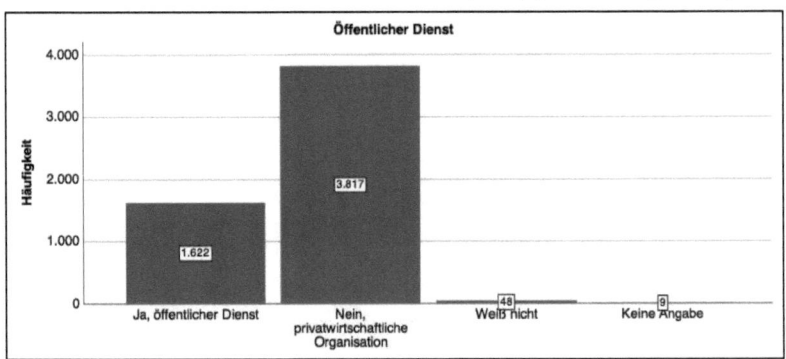

Abbildung 7: Angaben zur Tätigkeit im öffentlichen Dienst.
(Quelle: Eigene Darstellung.)

Die Probanden der Stichprobe hatten außerdem verschiedene Fragen zu möglichen physischen Belastungen oder Gefährdungen beantwortet, dessen Ergebnisse in einem

Belastungsindex zusammengefasst wurden (s. Tabelle 3). Aufgrund der negativen Polung der Antwortmöglichkeiten („Nie" = 0; „Selten" = 1; „Manchmal" = 2; „Häufig" = 3) müssen die Variablen zuerst umcodiert und zu einem neuen Skalenwert zusammengefasst werden, damit statistische Datenanalyse fehlerfrei durchgeführt werden können.

		Index physische Belastung/Gefährdung
N	Gültig	5494
	Fehlend	2
Mittelwert		2,1695
Standardabweichung		,78938
Minimum		,00
Maximum		3,00

Tabelle 3: Deskriptivstatistik zu „Index physische Belastung/Gefährdung".
(Quelle: Eigene Darstellung.)

Bei 5494 gültigen Angaben ergibt sich ein Mittelwert von 2,17 (SD = 0,79). Dieser gibt an, dass die Befragten im Durchschnitt „Manchmal" bis „Häufig" physische Belastungen oder Gefährdungen erlebt hatten. Passend dazu sollten die Probanden zudem sieben weitere Fragen beantworten, die Auskunft darüber geben, wie wahrscheinlich das Auftreten von physischen Belastungen und Gefahren in Anbetracht ihres gesundheitlichen Verhaltens und der Gestaltung des Privatlebens ist. Bevor die statistischen Daten erklärt werden können, muss die Codierung der Antworten deutlich gemacht werden: „Trifft voll und ganz zu" = 1 bis „Trifft überhaupt nicht zu" = 4; „Weiß nicht" = 8; „Keine Angabe" = 9. In Tabelle 4 sind vorerst die deskriptivstatistischen Auswertungen der Verhaltensfragen aufgelistet. Aus den Daten geht hervor, dass alle gesundheitlichen Verhaltensfragen durchschnittlich entweder mit „Trifft voll und ganz zu" oder „Trifft eher zu" beantwortet wurden. Die Frage nach dem Einhalten der Sicherheits- und Gesundheitsvorschriften weist dabei mit einem Mittelwert von 1,58 (SD = 1,09) die stärkste durchschnittliche Tendenz zur Antwort „Trifft voll und ganz zu" auf.

	Verhalten: Halte mich an geltende Sicherheits- und Gesundheitsvorschriften	Verhalten: Mache Vorschläge, wie Sicherheits- & Gesundheitsschutz verbessern lassen	Verhalten: Greife ein, wenn sich andere sicherheitswidrig verhalten	Verhalten: Fühle mich mitverantwortlich für Sicherheit und Gesundheitsschutz
Gültig	5496	5496	5496	5496
Mittelwert	1,58	2,39	1,99	1,77
Std.-Abweichung	1,090	1,228	1,405	1,076
Minimum	1	1	1	1
Maximum	9	9	9	9

Tabelle 4: Deskriptivstatistik zu gesundheitlichen Verhaltensfragen.
(Quelle: Eigene Darstellung.)

Die in Tabelle 5 aufgeführten Daten beziehen sich auf gesundheitliche Fragen in Bezug auf die Gestaltung des Privatlebens. Auch hier lässt sich an den Mittelwerten erkennen, dass die Befragten im Durchschnitt alle Fragen als eher zutreffend beantwortet haben.

	Privatleben: Wahrneh-mung medizinischer Vorsorgeuntersuchun-gen	Privatleben: Sport/kör-perliche Aktivitäten	Privatleben: Ausgewo-gene Ernährung
Gültig	5496	5496	5496
Mittelwert	1,79	1,95	1,89
Std.-Abweichung	,971	,988	,871
Minimum	1	1	1
Maximum	9	9	9

Tabelle 5: Deskriptivstatistik zu Fragen bezüglich des Privatlebens.
(Quelle: Eigene Darstellung.)

Betrachtet man nun die gesammelten deskriptiven Daten und setzt sie in Bezug zueinander, wird deutlich, dass das Ergebnis bezüglich der physischen Belastungen oder Gefahren eindeutig auf das durchschnittlich positive Gesundheitsverhalten und die gesundheits-fördernde Gestaltung des Privatlebens zurückzuführen ist.

3.2 Inferenzstatistische Analyse

Nachdem die Auswertungen der Stichprobe mithilfe der deskriptiven Statistik grob be-schrieben wurden, lassen sich nun durch inferenzstatistische Analysen weitere, tieferge-hende Informationen auswerten und Fragestellungen mit entsprechenden Hypothesen for-mulieren. Die Fragestellung hierbei lautet: Unterscheidet sich die Stärke der physischen Belastung der Mitarbeiter in Abhängigkeit von ihren Beschäftigungsvariablen? Die Be-schäftigungsvariablen sind in diesem Fall der Beschäftigungsstatus, die Bürotätigkeit und der öffentliche Dienst. Im Speziellen soll hier durch drei getrennte Analysen festgestellt werden, ob es physische Belastungs- beziehungsweise Gefährdungsunterschiede zwi-schen Vollzeit- und Teilzeitarbeitern, zwischen Beschäftigten innerhalb und außerhalb eines Büros und zwischen Mitarbeitern des öffentlichen Dienstes und einer privatwirt-schaftlichen Organisation gibt. Mit der dazugehörigen Nullhypothese wird davon ausge-gangen, dass kein Effekt vorliegt und sich die Stärke der physischen Belastung nicht in Abhängigkeit von den Beschäftigungsvariablen unterscheidet. Im Gegensatz dazu geht die Alternativhypothese sehr wohl von einem Effekt aus. Um nun die Hypothesen über-prüfen zu können, muss anhand des statistischen Entscheidungsbaums (s. Abb. 3) das korrekte inferenzstatistische Verfahren ausgewählt werden. Wie der Formulierung der

Frage zu entnehmen ist, sollen die Unterschiede zwischen zwei Gruppen analysiert werden. Da es sich bei der abhängigen Variable um die nominalskalierten Beschäftigungsvariablen handelt und außerdem mindestens zwei Gruppen miteinander verglichen werden, ist in diesem Fall der Chi^2-Test durchzuführen. Als Grundlage für die Berechnung des Chi^2-Wertes dient die Kreuztabelle mit Angaben zur beobachteten und erwarteten Häufigkeit. Je größer der Unterschied zwischen den beobachteten und erwarteten Werten ist, umso größer wird der Chi^2-Wert und umso signifikanter wird der Test.[42] Betrachtet man nun die zusammengefassten Auswertungen des Chi^2-Tests für alle drei Analysen (Tabelle 6), fällt auf, dass das Signifikanzniveau von fünf Prozent bei keinem der Berechnungen erreicht wird, wodurch die Alternativhypothese überall vorläufig angenommen werden muss. Die Ergebnisse der inferenzstatistischen Analyse sind nachweislich nicht zufällig entstanden und somit auch auf die Grundgesamtheit übertragbar.

	Index physische Belastung/Gefährdung * Beschäftigungsstatus	Index physische Belastung/Gefährdung * Bürotätigkeit	Index physische Belastung/Gefährdung * öffentlicher Dienst
Pearson-Chi^2	122,647[a]	1882,274[a]	186,697[a]
Asymptotisch e Signifikanz (zweiseitig)	,000	,000	,000
a	42,7% haben eine erwartete Häufigkeit kleiner 5. Die minimale erwartete Häufigkeit ist ,03.	37,3% haben eine erwartete Häufigkeit kleiner 5. Die minimale erwartete Häufigkeit ist ,08.	65% haben eine erwartete Häufigkeit kleiner 5. Die minimale erwartete Häufigkeit ist ,00.

Tabelle 6: Chi^2-Tests aller drei Beschäftigungsvariablen (gekürzt).
(Quelle: Eigene Darstellung.)

Zwar ist das Ergebnis bei allen drei Durchführungen signifikant, jedoch zeigt sich bei der abhängigen Variable der Bürotätigkeit eine besonders hohe Ausprägung. Der Test ergab hierbei ein Chi^2 von 1882,27 (p = 0,00). Während 991 bürotätige Probanden (40,4 % von allen Bürotätigen) angaben, dass sie häufig unter physischen Belastungen oder Gefährdungen leiden, hatten die Beschäftigten außerhalb eines Büros mit 163 Angaben (6,3 % von allen Nicht-Bürotätigen) wesentlich weniger physische Probleme zu beklagen.

---

[42] Vgl. Bühl (2019), S. 300-301

Physische Belastung/Gefährdung		Bürotätigkeit	
		Ja	Nein
Nie = 0	Anzahl	3	58
	Erwartet	29	30,5
	% in Bürotätigkeit	0,1%	2,2%
Selten = 1	Anzahl	11	152
	Erwartet	84,7	89,3
	% in Bürotätigkeit	0,4%	5,9%
Manchmal = 2	Anzahl	93	221
	Erwartet	154,7	163,1
	% in Bürotätigkeit	3,8%	8,6%
Häufig = 3	Anzahl	991	163
	Erwartet	547,6	577,1
	% in Bürotätigkeit	40,4%	6,3%

Tabelle 7: Physische Belastung/Gefährdung * Bürotätigkeit (Auszug).
(Quelle: Eigene Darstellung.)

Wie man Tabelle 7 entnehmen kann, erfuhren die meisten nicht-bürotätigen Probanden nur selten oder manchmal physische Belastungen beziehungsweise Gefährdungen. Interessanterweise ist die Differenz zwischen den beobachten Werten stets stark ausgeprägt, während sich die erwarteten Werte durchgehend kaum voneinander unterscheiden.

Im Gegensatz zu diesen Ergebnissen liegt die Testsignifikanz sowohl beim Beschäftigungsstatus mit einem Chi^2 von 122,65 (p = 0,00) als auch beim öffentlichen Dienst mit einem Chi^2 von 186,7 (p = 0,00) auf einem niedrigen Niveau. Dennoch muss auch hier die Alternativhypothese angenommen und von einem Unterschied der physischen Belastungsstärke in Abhängigkeit von den Beschäftigungsvariablen ausgegangen werden.

Physische Belastung/Gefährdung		Beschäftigungsstatus	
		Vollzeit	Teilzeit
Nie = 0	Anzahl	58	7
	Erwartet	48	14,9
	% in Beschäftigungsstatus	1,4%	0,6%
Selten = 1	Anzahl	148	41
	Erwartet	140,4	43,5
	% in Beschäftigungsstatus	0,4%	5,9%
Manchmal = 2	Anzahl	252	85
	Erwartet	256,4	79,4
	% in Beschäftigungsstatus	6,2%	6,8%
Häufig = 3	Anzahl	863	322
	Erwartet	907,5	281
	% in Beschäftigungsstatus	21,3%	25,6%

Tabelle 8: Phys. Belastung/Gefährdung * Beschäftigungsstatus (Auszug).
(Quelle: Eigene Darstellung.)

In Tabelle 8 ist die Häufigkeitsverteilung der physischen Belastungen oder Gefährdungen in Abhängigkeit zum Beschäftigungsstatus abgebildet. Besonders auffällig ist auch hier der Unterschied zwischen den beiden Gruppen innerhalb der Beschäftigungsvariable. Betrachtet man die Anzahl der Vollzeit- und Teilzeitbeschäftigten, wird deutlich, dass der Mengenunterschied vor allem bei den Belastungsangaben „Manchmal" und „Häufig" sehr hoch ist. Während 863 Vollzeitkräfte über häufige physische Belastungen und Gefährdungen berichteten, sind es lediglich 322 Teilzeitkräfte, die dieselben Angaben machten. Es muss jedoch beachtet werden, dass die Vollerwerbstätigen mit 4062 Angaben (73,9 %) wesentlich stärker vertreten waren als die in Teilzeit beschäftigten Probanden mit 1257 Angaben (22,9 %). Der prozentuale Anteil der beiden Gruppen zeigt, dass die Stärke der physischen Belastungen oder Gefährdungen nicht eminent unterschiedlich wahrgenommen wurde. Abbildung 8 soll den Verlauf zwischen den Angaben zu keinen und häufigen physischen Belastungen beziehungsweise Gefährdungen verdeutlichen.

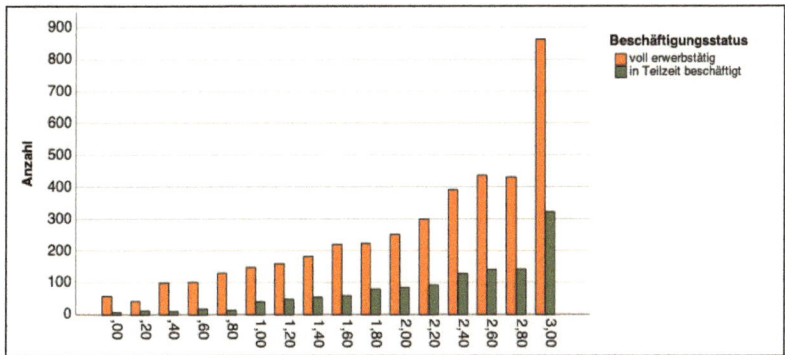

Abbildung 8: Diagramm zur phys. Belastung/Gefährdung * Beschäftigungsstatus.
(Quelle: Eigene Darstellung.)

Auch die Ergebnisse zur physischen Belastungsstärke in Bezug auf die Arbeit im öffentlichen Dienst zeigen ähnliche Merkmale wie die von den Vollzeit- und Teilzeitbeschäftigten. Hier ist ebenfalls eine Gruppe stärker vertreten, nämlich die 3817 Mitarbeiter eines privatwirtschaftlichen Unternehmens (69,5 %). Vergleicht man die Kreuztabelle hierzu aus Tabelle 9 mit jener aus Tabelle 8 fallen markante Ähnlichkeiten auf, da auch hier eine mengenabhängige Mehrheit bei einer Gruppe besteht, jedoch prozentual geringere Diskrepanzen in den Werten auftreten. An dieser Stelle wird aufgrund von Wiederholungen auf weitere Erläuterungen verzichtet und lediglich auf Tabelle 9 verwiesen.

Physische Belastung/Gefährdung		Öffentlicher Dienst	
		Ja	Nein
Nie = 0	Anzahl	13	52
	Erwartet	19,2	45,2
	% in Öffentlicher Dienst	0,8%	1,4%
Selten = 1	Anzahl	46	139
	Erwartet	56,1	132
	% in Öffentlicher Dienst	2,8%	3,6%
Manchmal = 2	Anzahl	112	229
	Erwartet	102,4	241,1
	% in Öffentlicher Dienst	6,9%	6%
Häufig = 3	Anzahl	340	878
	Erwartet	362,3	853,2
	% in Öffentlicher Dienst	21%	23%

Tabelle 9: Physische Belastung/Gefährdung * öffentlicher Dienst (Auszug).
(Quelle: Eigene Darstellung.)

3.3 Reliabilitätsanalyse

Neben der Auswertung von Daten durch deskriptive und inferenzstatistische Analysen gewährt SPSS außerdem eine Prüfung der Reliabilität der Fragen. Diese Reliabilitätsanalyse wird auch als Itemanalyse bezeichnet und prüft, ob einzelne Aufgaben für den finalen Test von Nutzen sind. Hierfür wird den Probanden meist ein Pretest mit allen verfügbaren Aufgaben bereitgestellt, um nach der Auswertung durch die Reliabilitätsanalyse die unbrauchbaren Aufgaben zu entfernen. Es handelt sich hierbei nicht um ein statistisches Analyseverfahren, sondern um die Untersuchung eines Persönlichkeitsmerkmals.[43]

In diesem Zusammenhang soll nun mithilfe der Reliabilitätsanalyse untersucht werden, ob sich die Variablen des Gesundheitsverhaltens zu der gemeinsamen Skala „Gesundheitsverhalten" zusammenfassen lassen. Vor der Analyse muss darauf geachtet werden, dass alle Variablen in dieselbe Richtung codiert sind, da es ansonsten zu fehlerhaften Ergebnissen kommen würde.[44] Das bekannteste Maß für die interne Konsistenz einer Skala ist der sogenannte Cronbachs Alpha Koeffizient, welcher mit einem Wert von über 0,70 die Skala als akzeptabel erklärt.[45] Bei der Durchführung der Analyse konnten alle 5496 Fälle als gültig angenommen werden, wodurch kein Fall ausgeschlossen wurde. Der

[43] Vgl. Bühl (2019), S. 587
[44] Vgl. Bühl (2019), S. 595
[45] Vgl. Bühl (2019), S. 589

Reliabilitätskoeffizient ist bei dieser Analyse mit 0,627 geringer als der Richtwert und damit zu gering, um aus den Variablen eine zusammenfassende Skala zu bilden. Zusätzlich liefert die Item-Skala-Statistik (s. Tabelle 10) die korrigierte Trennschärfe, die als ein Maß für die wechselseitige Beziehung zwischen dem individuellen Item und der gesamten Skala dient. Die Trennschärfe muss dabei über 0,30 liegen, wobei ein Item mit niedrigerer Trennschärfe aus der Skala entfernt werden sollte.[46] Welchen Wert Cronbachs Alpha nach dem Weglassen eines Items haben würde, kann ebenfalls in der Item-Skala-Statistik nachgelesen werden.

Item	Korrigierte Trennschärfe	Cronbachs Alpha, wenn Item weggelassen
Verhalten: Halte mich an geltende Sicherheits- und Gesundheitsvorschriften	,339	,591
Verhalten: Mache Vorschläge, wie Sicherheits- & Gesundheitsschutz verbessern lassen	,434	,556
Verhalten: Greife ein, wenn sich andere sicherheitswidrig verhalten	,410	,566
Verhalten: Fühle mich mitverantwortlich für Sicherheit und Gesundheitsschutz	,495	,540
Privatleben: Wahrnehmung medizinischer Vorsorgeuntersuchungen	,253	,615
Privatleben: Sport/körperliche Aktivitäten	,187	,633
Privatleben: Ausgewogene Ernährung	,257	,614

Tabelle 10: Item-Skala-Statistik der Reliabilitätsanalyse (Auszug).
(Quelle: Eigene Darstellung.)

Betrachtet man die Werte der korrigierten Trennschärfe von den drei Items bezüglich des Privatlebens, stellt man fest, dass diese weit unter dem geforderten Wert von 0,30 liegen. Erwägt man nun eine Entfernung dieser Items aus der Skala, würde Cronbachs Alpha nur beim Item „Privatleben: Sport/körperliche Aktivitäten" um einen sehr geringen Wert ansteigen und dabei weiterhin unter 0,70 fallen. Entfernt man aber alle Privatleben-Items aus der Skala, überschreitet Cronbachs Alpha mit 0,678 zwar immer noch nicht den geforderten Minimalwert, jedoch nähert er sich diesem an. Als abschließendes Analyseurteil gilt dennoch, dass die gewählten Gesundheitsvariablen nicht zu einer Skala zusammengefasst werden können.

---

[46] Vgl. Bühl (2019), S. 589

3.4 Diskussion und Fazit

Aufgrund der Stichprobengröße, der altersbezogenen Diversität der Probanden und der relativ ausgeglichenen Geschlechterverteilung besitzt die Befragung der GDA eine solide Testgrundlage, die den Ergebnissen einen höheren Grad an Verlässlichkeit gibt. Die Berechnungen aus der Deskriptiv- und Inferenzstatistik haben besonders beim Thema der physischen Belastungen und Gefährdungen, die die befragten Beschäftigten erfahren, relevante Ergebnisse für die Praxis liefern können. Wie sich herausgestellt hat, beklagte die große Mehrheit gelegentliche bis häufige körperliche Belastungen oder Gefährdungen innerhalb des Arbeitsplatzes oder aufgrund der Arbeit. Bemerkenswert sind dabei vor allem die positiven Angaben zum Gesundheitsverhalten der Beschäftigten sowohl im Arbeitsumfeld als auch im Privatleben. Nimmt man diese Eigeneinschätzungen als die tatsächliche Wahrheit an, stellt sich heraus, dass die physischen Leiden- und Risiken weniger auf ein möglicherweise fahrlässiges Verhalten der Befragten gegenüber ihrer eigenen Gesundheit zurückzuführen sind. Eher ist die Stärke dieser körperlichen Belastungen und Gefährdungen von dem Beschäftigungsstatus abhängig und davon, ob man im Büro arbeitet oder nicht und ob man im öffentlichen Dienst oder für ein privates Unternehmen tätig ist. Besonders die Tätigkeit innerhalb eines Büros hat stärkere Symptome physischer Belastungen oder Gefährdungen zur Folge.

Arbeitgeber sollten sich vor diesen Ergebnissen im Rahmen der Arbeitsschutzgarantie in der Verantwortung sehen, ihren Mitarbeitern einen gesundheitsfördernden Arbeitsplatz zu versichern. Eigenständige und individuelle gesundheitliche Schutzstrategien haben umweltabhängige Grenzen, die nicht von einzelnen Menschen beeinflussbar sind, sondern innerhalb einer sozialen Gruppe oder der Gesellschaft durchbrochen werden müssen. Unternehmen sollten die Ergebnisse dieser Befragung als empirischen Beweis für mehr Handlungsbedarf beim Arbeitsschutz erkennen. Erste intervenierende Maßnahmen können auch mit Blick auf mögliche finanzielle Einschränkungen präzise und effizient nur in bestimmten, besonders anfälligen Bereichen eingesetzte werden, indem die Relevanz der verschiedenen Ergebnisse abgewogen wird. So könnte eine Organisation ihren Fokus und ihre Ressourcen bspw. vorerst nur auf die Büroangestellten konzentrieren, da die Stärke der wahrgenommenen physischen Belastungen beziehungsweise Gefährdungen nachweislich signifikant von der Tätigkeit in einem Büro abhängt. Die GDA sollte in diesem Zusammenhang als Übermittler der Ergebnisse verstanden werden und die Unternehmen zur Handlung motivieren.

28

Literaturverzeichnis

Blalock, H. M. (1982), Conceptualisation and measurement in the social science, 1. Aufl., Beverly Hills.

Budischewski, K. / Tausch, A. (2019), SPSS. 3. Aufl., Studienbrief der SRH Fernhochschule. Riedlingen.

Bühl, A. (2019), SPSS. Einführung in die modern Datenanlyse ab SPSS 25, 16. Aufl., Hallbergmoos.

Gadenne, V. (2017), Hypothese. In: Wirtz, M. A. (Hrsg.), Lexikon der Psychologie, 18. Aufl., Bern, S. 764.

Gazzaniga, M. / Heatherton, T. / Halpern, D. (2017), Psychologie, 1. Aufl., Weinheim.

Janczyk, M. / Pfister, R. (2020), Inferenzstatistik verstehen, 3. Aufl., Berlin.

Kaluza, G. (2003), Stress. In: Jerusalem, M. / Weber, H. (Hrsg.), Psychologische Gesundheitsförderung, 1. Aufl., Göttingen, S. 339-361.

Lazarus, R. S. / Folkman, S. (1984), Stress, Appraisal and Coping, 1. Aufl., New York.

Leonhart, R. (2008), Psychologische Methodenlehre / Statistik, 1. Aufl., München.

Meschkutat, B. / Stackelbeck, M. / Langenhoff, G. (2002), Der Mobbing-Report. Schriftenreihe der Bundesanstalt für Arbeitsschutz und Arbeitsmedizin, Dortmund/Berlin.

Nachtigall, C. / Wirtz, M. (2006), Wahrscheinlichkeitsrechnung und Inferenzstatistik, 4. Aufl., Weinheim/München.

Reinhardt, R. (2015), Fragebogentechnik. 2. Aufl., Studienbrief der SRH Fernhochschule. Riedlingen.

Richter, P. / Hacker, W. (2008), Belastung und Beanspruchung, 2. Aufl., Kröning.

Schäfer, T. (2016), Methodenlehre und Statistik, 1. Aufl., Wiesbaden.

Selye, H. (1981), Geschichte und Grundzüge des Stresskonzeptes. In: Nitsch, J. R. (Hrsg.), Stress. Theorien, Untersuchungen, Maßnahmen, 1. Aufl., Bern, S. 163-187.

Sonnentag, S. / Frese, M. (2003), Stress in organizations. In: Borman, W. C. / Ilgen, D. R. / Klimoski, R. J. (Hrsg.), Comprehensive handbook of psychology. Industrial and organizational psychology, 12. Aufl., Hoboken, S. 453–491.

Spieß, E. / Reif, J. A. M. (2018), Quellen von Stressoren. In: Reif, J. A. M. / Spieß, E. / Stadler, P. (Hrsg.), Effektiver Umgang mit Stress, 1. Aufl., Berlin, S. 13-31.

Stadler, P. / Spieß, E. (2003), Psychosoziale Gefährdung am Arbeitsplatz, 1. Aufl., Bremerhaven.

Weiber, R. / Mühlhaus, D. (2014), Strukturgleichungsmodellierung, 2. Aufl., Berlin.

Internetquellen

World Health Organization (2020), ICD-11 for Mortality and Morbidity Statistics, https://icd.who.int/browse11/l-m/en#/http://id.who.int/icd/entity/129180281, abgerufen am 02.12.2020.